当 | 代 | 中 | 国 | 智 | 库 | 丛 | 书

本书由新疆智库丛书出版项目资助出版

美式人权、民主的虚伪本质

邢广程　主编

图书在版编目（CIP）数据

美式人权、民主的虚伪本质／邢广程主编 . -- 北京：
当代中国出版社，2024.8. -- ISBN 978 - 7 - 5154 - 1328 - 0

Ⅰ．D771.221

中国国家版本馆 CIP 数据核字第 2024U7Q788 号

出 版 人	王　茵
责任编辑	乔镜蕴　闫行骏
责任校对	高元元
印刷监制	刘艳平
封面设计	李默涵
出版发行	当代中国出版社
地　　址	北京市地安门西大街旌勇里 8 号
网　　址	http：//www.ddzg.net
邮政编码	100009
编 辑 部	（010）66572744
市 场 部	（010）66572281　66572157
印　　刷	中国电影出版社印刷厂
开　　本	710 毫米 × 1000 毫米　1/16
印　　张	7 印张　2 插页　58 千字
版　　次	2024 年 8 月第 1 版
印　　次	2024 年 8 月第 1 次印刷
定　　价	49.00 元

版权所有，翻版必究；如有印装质量问题，请拨打（010）66572159 联系出版部调换。

当代中国智库丛书出版说明

　　党的十八大以来，以习近平同志为核心的党中央高度重视中国特色新型智库建设。中国特色新型智库是党和政府科学民主依法决策的重要支撑，是国家治理体系和治理能力现代化的重要内容，是国家软实力的重要组成部分。

　　中国特色新型智库，突出"中国"，以中国实践为基础，以中国问题为导向，解决中国问题，形成中国学派；筑牢"特色"，坚持中国特色社会主义方向；打造"新型"，立足应用、问题前瞻、保持开放。

　　当前，我们面临着百年未有的历史变局。

一方面，中国特色社会主义进入新时代，正向着全面建成社会主义现代化强国、加快发展新质生产力、扎实推进高质量发展、以中国式现代化全面推进中华民族伟大复兴的新征程迈进。另一方面，当今世界处于动荡变革期，世界之变、时代之变、历史之变正以前所未有的方式展开，不稳定性、不确定性突出，新时代中国特色社会主义事业面临着复杂多变的挑战，这种历史境遇迫切需要我们健全中国特色决策支撑体系，大力加强智库建设，以科学咨询支撑科学决策，以科学决策引领科学发展。由此，汇聚中国哲学社会科学顶级头脑、智囊的思想结晶，发挥新型智库的重要作用，为党和国家所亟待解决的重点难点问题提供及时可靠的信息参考与精准有效的建言对策，将有助于我国在百年未有之大变局面前始终保持战略定力，能够从容应对日趋复杂多变的国际局势。

当代中国出版社推出的"当代中国智库丛书",着眼于全面建设社会主义现代化国家、全面推进中华民族伟大复兴新征程中的战略性问题,以中国社会科学院这一为党中央和国家决策服务的思想库为依托,汇集涵盖各级社科院、党校行政学院、高校、科技创新智库和企业智库以及社会智库等全国哲学社会科学界最具战略性、前瞻性的高端智库的最新成果,形成具备一定出版规模和社会影响的智库产品,以"关注当代,阅读中国"的出版理念助力打造中国特色新型智库。

我们将以"当代中国智库丛书"的出版为契机,投入到中国特色新型智库的建设中去。同时,我们也相信,该丛书将汇集起各界胸怀"国之大者"的有识之士,共同为实现第二个百年奋斗目标而踔厉奋发。

当代中国出版社

2024 年 4 月

本书作者简介

邢广程　第十四届全国人大代表、外事委员会委员，中国社会科学院学部委员，中国社会科学院（中国历史研究院）中国边疆研究所所长、一级研究员。

王　凤　中国社会科学院中国非洲研究院国际关系研究室主任、研究员。

白　帆　中国社会科学院中国边疆研究所副研究员。

李华伟　中国社会科学院世界宗教研究所研究员。

张　阳　中国社会科学院世界宗教研究所助理研究员。

朱泉钢　中国社会科学院西亚非洲研究所（中国非洲研究院）副研究员。

李维建　中国社会科学院世界宗教研究所研究员，当代宗教研究室主任。

邓淑华　中国社会科学院欧洲研究所副研究员。

周　琪　中国社会科学院美国研究所研究员、中国人民大学全球治理与发展研究院院长。

张旭东　同济大学全球治理与发展研究院研究员。
王聪悦　中国社会科学院美国研究所副研究员。
许建英　中国社会科学院中国边疆研究所研究员。
恽文捷　深圳大学中国经济特区研究中心副教授。
王昱廷　中国历史研究院调研督查处处长、副研究员。

目 录

20 年战争，为阿富汗留下了什么？ ……………… 1
  一　动荡、分裂、贫困的阿富汗 ……………… 3
  二　不可忽视的美国因素 ……………………… 5

敌视穆斯林是美国长期的政治传统 ……………… 9
  一　因宗教而为奴：美国对穆斯林的歧视刻在
      其建国的基因里 …………………………… 12
  二　贩卖穆斯林恐惧依然是当下美国政治精英
      的拿手好戏 ………………………………… 13

**动荡与不安——剖析美国"普世价值"谎言下的
穆斯林群体遭遇** …………………………………… 17
  一　美国对本国穆斯林长期存在歧视和不公平
      对待 ………………………………………… 20

二　特朗普任内美国穆斯林群体境遇每况愈下
　　　　……………………………………………………… 25

美发动伊拉克战争严重损害伊斯兰世界利益 ……… 35
　　一　严重损害伊拉克的人权状况 …………………… 37
　　二　严重破坏伊拉克的社会团结 …………………… 39
　　三　严重伤害整个伊斯兰世界 ……………………… 41

美国国内对穆斯林的歧视与迫害 …………………… 43
　　一　通过立法限制穆斯林群体权利 ………………… 46
　　二　歧视穆斯林的事例屡见不鲜 …………………… 52
　　三　穆斯林合法权利遭受严重侵犯 ………………… 55

美式人权灯塔之下的阴影：严重歧视穆斯林 ………… 59
　　一　深入骨髓的种族主义 …………………………… 61
　　二　法律手段极端打压 ……………………………… 62
　　三　霸权行径迫害海外穆斯林 ……………………… 64

歧视穆斯林是美国社会的一大顽疾 ………………… 65
　　一　穆斯林始终难逃"不受信任的外来人"境地
　　　　……………………………………………………… 67

二 "9·11"使美国的"伊斯兰恐惧症"根深
蒂固 …………………………………………… 69
三 穆斯林沦为美国两党党争的政治工具 ……… 71

深陷结构性歧视困境的美国穆斯林群体 ……………… 75

种族主义是美国国家建构的原罪 ………………… 85

种族主义正在扼住"美国式民主"的喉咙 …………… 93
一 种族主义成为美国的政治工具 ……………… 95
二 日益弥散的"分裂政治" ……………………… 97
三 人权状况堪忧 "双重标准"令人唾弃 ……… 99

20年战争，为阿富汗留下了什么？

---

* 王凤，中国社会科学院中国非洲研究院国际关系研究室主任、研究员。本文原发于《光明日报》2021年7月12日。

2021年,是震惊世界的"9·11"事件20周年,也是美国发动的阿富汗战争20周年。作为美国有史以来最长的战争,它使美国付出了沉重的物质代价和人员伤亡,最终迫使美国开始从阿富汗撤军。2021年4月14日,美国拜登政府宣布,到9月11日前将撤走全部驻阿美军。然而,20年过去了,这场战争又给阿富汗留下了什么?

一　动荡、分裂、贫困的阿富汗

"9·11"事件后,美国迅速发动了阿富汗战争,推翻了塔利班政权,赶跑了基地组织。随后20年,美国继续在阿富汗进行反恐战争,推动战后重建,进行所谓民主改造。阿富汗由此建立了所谓西方式民主共和政体,经济实现了低速增长,国家安全部队也得以建立。

然而,20年过去了,阿富汗仍旧是一个冲突、动荡的国家。美国发动阿富汗战争的一个战略目标，就是使阿富汗不再成为恐怖主义滋生的土壤，但是这种目标并未实现。因为塔利班虽然作为一个政权已经被推翻，但它自2003年起实现了重组。迄今为止，它已发展成为拥有8万多名成员、战斗力顽强、反美反政府的政治军事组织。除塔利班之外，基地组织以及"伊斯兰国"呼罗珊分支等各种极端组织在阿富汗境内也非常活跃。根据2019年6月发布的年度全球和平指数，阿富汗已取代叙利亚成为全球最不安全的国家。20年来，冲突给阿富汗带来了严重的人道主义灾难。截至2019年，阿富汗已有超过4万名平民死亡，受伤人数超过6万，约1100万人沦为难民。

阿富汗依然是一个实际上分裂的国家。美国及其支持的阿富汗政府不能在全境实施有效统治，主要控制中西部和北部地区以及全国大中城市和交通干线。阿富汗政府也离不开美国及其西方盟友的军事保护。此外，它还面临治理效能低下、腐败成风等困境。反观塔利班，它已控制了阿富汗东南部、南部等许多地区，并在牢固管辖区内实施有效管理。如实施伊斯兰教法，向当地民众提供保护，帮助解决民事或商业纠纷，实际上与阿富汗政府形成政治分立之势。

阿富汗还是世界上最不发达的国家之一。工农业基础薄弱，粮食不能自给，经济严重依赖外援，财政不能自立，民众生活困苦。2019—2020财年，阿富汗国内生产总值约为188.9亿美元，人均GDP仅为586.6美元。阿富汗财政收入虽然逐年增加，但连续多年入不敷出，财政预算的60%来自国际援助。失业率连续多年攀升，2019年达到40%。一些劳动力每月只能获得大约60美元的工资，难以维持全家生计。

二 不可忽视的美国因素

阿富汗反恐战争和重建失败是各种因素综合作用的结果。但是作为推动者和主导者，美国因素不可忽视。原因在于：

第一，冷战结束后，美国成为全球唯一超级大国，霸权主义和黩武主义膨胀，导致"反恐"战线拉得太长，顾此失彼。阿富汗战争是进入21世纪后美国打的第一场战争，在短短两个多月内，推翻了塔利班政权，赶跑了基地组织。2003年，踌躇满志的美国发动了第二场战争，即伊拉克战争，很快推翻了萨达姆政权，继而开始在伊拉克进行所谓民主改造。如果说，美国攻打阿富汗，曾得到国际社会的同情，但是它攻打伊拉克，完全是单边主义行为，没有得到联合国的授权。美国同时在两个国家进行"反恐"战争和所谓的民主改造，导致战线太长，战略中心偏移，大大低估了塔利班卷土重来的决心和实力。塔利班就是在2003年伊拉克战争后，开始大量招募和组织新生力量，重建情报网络和行动网络，从而实现了战略重组。

第二，20年来，驻阿美军频繁打死、炸死无辜平民，漠视当地宗教文化习俗，辱尸、虐囚事件不断曝光，激发了阿富汗民众的反美情绪，促使更多的人加入到反美反政府队伍当中。比如，2012年1月至4月，美军士兵侮辱阿富汗反美武装人员尸体事件接连曝光。2月，驻阿美军基地的士兵焚烧包括《古兰经》在内的大量宗教书籍。3月，一名美国士兵枪杀了16名阿富汗无辜平民。这一系列事件，曾在阿富汗全国和周边国家引发了大规模反美抗议活动，塔利班也借机加强了对驻阿美军的报复性袭击。20年来，美国媒体还一再披露了美国军方和情报部门的种种虐囚事件。2017年，国际刑事法院一名检察官由此决定将全面调查美国可能犯下的战争罪和危害人类罪。

第三，所谓西方式民主，并不一定适合阿富汗国情。现代西方民主制度能够在欧美国家普遍建立，历经了数百年时间。其间经历了文艺复兴运动和宗教革命的思想启蒙，工业革命的直接推动，资产阶级革命的反复洗礼。但是，阿富汗却不具备相应的经济、阶级和思想文化基础。首先，阿富汗是世界上最不发达的国家之一，生产力水平很低。其次，自20世纪以来，资本主义经济在阿富汗得到一定发展，六七十年代相继建立了君主立宪制或共和制政体。但是整体而言，阿富汗贫富分化悬殊，当前大约40%的人口仍生活在贫困线以下。再次，阿富汗部族和民族较多，部族和民族认同高于国家认同，社会政治分化严重。阿富汗是伊斯兰国家，绝大多数人信奉伊斯兰教，许多人尤其是中下层民众较难接受西方民主价值观。在这样的国家，西方式民主政体，可能加剧阿富汗的政治社会分化，导致国家不稳，治理失效。

由此可见，持续近20年的阿富汗战争，留下了一个动荡、分裂、贫困的阿富汗，美国应当对其错误政策进行深刻反思。

敌视穆斯林是美国长期的政治传统[*]

[*] 白帆,中国社会科学院中国边疆研究所副研究员。本文原发于《光明日报》2021年7月11日。

2021年3月底以来，美国挑头引领西方国家的政府和新闻媒体针对我国炒作"新疆棉花问题"，罔顾事实地指责其中存在所谓的"强迫劳动"，侵犯人权，乃至污称我国存在对伊斯兰教的"宗教歧视"。美国和其西方盟友借此别有用心地抹黑中国，意图在挑拨中国和伊斯兰国家的友好关系的同时，把美国和西方包装成穆斯林保护者的角色。对美国的这一虚伪表演，伊朗驻华大使克沙瓦尔兹扎德在4月14日就美西方炮制的所谓的"新疆棉花事件"接受《环球时报》记者专访时表示，"自2001年以来，美国以打击恐怖主义的名义在全球约80个国家发动战争和军事行为，夺走了80多万人的生命，其中包括33万平民，并导致阿富汗、伊拉克、叙利亚等国数千万人背井离乡，流离失所"。"所以，倘若美国真的关心穆斯林们的权利，就应该向这些伊斯兰国家深刻地道歉，并停止通过轰炸这些国家的领土来杀害穆斯林。"美国作为现代世界伊斯兰国家的最大施害者的事实就此被揭穿。不过令人好奇的是，美国对伊斯兰国家充满恶意，那对其国内穆斯林公民的保护是不是很在意呢？我们若进行深入考察，则依然可以发现一个令人不齿的事实，"敌视穆斯林"居然是美国自建国以来长期的政治传统。

一 因宗教而为奴：美国对穆斯林的歧视刻在其建国的基因里

众所周知，美国的种族歧视问题根深蒂固，但美国对穆斯林的宗教歧视其实和其种族歧视是同步存在的事实却略显隐秘。2015年2月，时任美国总统奥巴马在白宫举行的国际反恐峰会上发表演讲，他提到"从建国之初开始，伊斯兰教已经与这个国家交织在一起"。揭开了美国历史上一个遮掩已久的丑陋盖子，在美国引发轩然大波。美国对穆斯林的政治歧视和压迫与其建国史同步，这个故事的根子还在美洲罪恶的奴隶贸易。历史上，非洲不少区域曾为阿拉伯帝国所征服，因此伊斯兰信仰在非洲有相当大的影响力。这样，贩卖到美洲的非洲黑奴中就有很多穆斯林，据推测，18世纪被当作奴隶运进这个国家的穆斯林，跟当时很多其他宗教教徒的数量差不多。奥巴马指出的就是美国白人精英们一直刻意隐瞒的这段历史。

这个故事若止步于此，则美国奴役穆斯林仅仅是种族歧视的附带后果。然而，正如 1682 年弗吉尼亚州的一项法令所宣称的："黑人、摩尔人、黑白混血等，以及在不信仰上帝者、偶像崇拜者、无信仰者、伊斯兰教的家系或国度中出生的人，无论现在或是将来，都能被当作奴隶来购买、转卖或通过其他方式获得。"该法令非常明确地指明了奴役伊斯兰信仰者的"正当性"。美国记者、小说家彼得·芒索也指出，"最初的奴隶法其实更强调被迫从事劳动者的信仰，而非肤色"。一言之，对穆斯林信仰的歧视，就和在美国根深蒂固的种族主义思想一样，从一开始就深刻地烙印在了美国建国的基因中。

二　贩卖穆斯林恐惧依然是当下美国政治精英的拿手好戏

据《卫报》报道，2019 年 3 月 21 日，美国一个名为帕特里克·卡里尼奥的 55 岁男子致电美国穆斯林女议员伊尔汗·奥马尔的办公室。卡里尼奥言辞激烈地对接电话的工作人员说："你是不是为穆斯林兄弟会工作？你为什么为她工作？她是个恐怖分子，我会朝她的头上开一枪。"如此赤裸地敢于对一个拥有议员身份的穆斯林提出死亡威胁，美国社会为何这么敌视穆斯林？据2017年的一项皮尤研究中心的调查显示，美国穆斯林人口已经高达345万，约占美国总人口规模的1.1%，他们中的绝大多数（92%）依然相信"美国梦"。按说，对美国有这么高认可度的美国穆斯林群体不应该招致奥马尔式的困境，可是现实就是这么的残酷！2019年的一项皮尤调查显示，82%美国成年人承认美境内的穆斯林受到歧视性影响，其中56%的人认为美国穆斯林遭受到严重歧视。

美国穆斯林在美国的处境为什么会这么糟糕？究其原因，这和"9·11"后美国政治精英和媒体不定期炒作穆斯林恐惧密切相关。刚卸任的美国前总统特朗普是其中最著名的炒作穆斯林恐惧的政客。2017年初，特朗普在其就任总统后不久就签署行政命令，限制7个主要人口为穆斯林的国家的公民入境美国。特朗普的这个举动，毫无疑问是基于宗教偏见，而且特朗普对美国穆斯林的宗教偏见是始终如一的。在威胁杀死奥马尔的卡里尼奥被捕仅几小时后，特朗普在拉斯维加斯向共和党犹太人联盟演讲时特别提及奥马尔，他居然这么说："哦，我忘记了，她不喜欢以色列，很抱歉。她不喜欢以色列，对吧？"特朗普对奥马尔的讽刺性评论，引发了在场犹太裔共和党人的哄笑。这个场面，很好地印证了2017年调查美国穆斯林状况的皮尤报告的判断，是谁在歧视美国穆斯林？报告的结论是，当前美国"共和党人、白人福音基督徒和受教育较少的人，对穆斯林和伊斯兰教的成见最深"。

由此可见，在歧视美国穆斯林的行动中，特朗普并不是在孤军作战，而是无论在民间还是政客中间，他都有庞大的同盟军，他们在污名化美国穆斯林的丑陋行径中彼此互为奥援，推波助澜。美国穆斯林虽然心向美国，可是这很难抵御美国政客贩卖穆斯林恐惧的政治操作所产生的影响，结果是，他们在美国不得不处于"我本将心向明月，奈何明月照沟渠"的不利境况中。

现在，我们可以清楚地看到，无论是在历史上还是当代的现实中，美国敌视伊斯兰信仰，进而歧视美国穆斯林群体，是其根深蒂固的政治传统，这种丑陋的精神传承真正称得上是令人发指。然而，就在这种情况下，美国政界和媒体，竟然放肆炒作我国存在对穆斯林的"宗教歧视"，这明显是恶人先告状、贼喊捉贼的行为。对美国施展的这种鄙陋伎俩，我们应该时刻警惕，必要时要予以坚决反击，向国内公众和全世界有良知的人们揭露这种美式虚伪。

动荡与不安——剖析美国"普世价值"谎言下的穆斯林群体遭遇

---

* 李华伟,中国社会科学院世界宗教研究所研究员;张阳,中国社会科学院世界宗教研究所助理研究员。本文原发于《光明日报》2021年7月13日。

多年以来，美国政客打着所谓"普世价值"的旗号，对不符合其意愿和利益的他国政权进行攻击，以获取自身的战略利益和战略资源。从国际上讲，在"普世价值"的幌子下，美国政府发动对伊拉克、叙利亚等多国战争，造成难以计数的平民死伤。2021年5月，巴以爆发7年来最猛烈交火。路透社称，这是自2014年加沙战争以来，以色列和哈马斯之间最猛烈的交火。联合国中东问题特使文内斯兰警告称，巴以冲突"正在向全面战争升级"。据路透社5月12日报道，联合国安全理事会当天举行三天内的第二次紧急会议，讨论巴以冲突局势。报道引述知情人士的话称，安理会在10日的会议后原本拟就巴以冲突发表声明，但被美国叫停，因为美国称正在幕后斡旋停火，担心在此时发声明会有反效果。美国政府对中东人权的漠视，成为巴以两国争端迟迟不能解决的主要因素。除去外交因素，从美国自身对穆斯林的政策看，美国穆斯林民众也越来越感到被歧视和失去安全感。

一　美国对本国穆斯林长期存在歧视和不公平对待

美国从政策层面开始对本国穆斯林区别对待最早可以追溯至20世纪六七十年代。1967年，第三次中东战争爆发后，美国联邦调查局（FBI）开始暗中监视阿拉伯裔穆斯林。1979年，伊朗人质事件爆发后，美国国内反穆斯林舆论甚嚣尘上，众多中东裔移民遭受到了巨大的社会压力。1993年世贸中心爆炸案更是火上浇油，加剧了穆斯林群体与美国主流社会的紧张关系。整个20世纪80年代至90年代，在社区组织、政治运动等社会参与中，穆斯林群体不断受到主流社会的歧视与驱除。

"9·11"事件后，美国穆斯林群体遭受到前所未有的冲击。2001年10月26日，经布什总统签署，美国《爱国者法案》正式生效。根据司法机关的法令，相关机构可以对清真寺、伊斯兰中心等特定的宗教场所或政治组织加强监视。显而易见，种族脸谱化是一种侵犯公民权利的歧视性行为。虽然在前"9·11"时代，针对中东裔穆斯林男子的种族归纳案件屡见不鲜，但在《爱国者法案》实施后，这些种族归纳①行为在情报机构、执法机关和美国民众看来，变得更为必要，且获取了更高的社会接受度。②

在"9·11"事件发生后的一年中，美国政府出台了如《加强边境安全和入境签证改革法》、"特殊登记"方案等约20项相关的法规政策，其中15项明显地针对穆斯林群体。2002年6月，美国司法部通知海关与移民及归化局，要求其排查所有入境的也门裔穆斯林，结果候机人群中也门裔乘客被单独列出，等待数小时来接受安全调查。"9·11"事件之后这种在机场针对穆斯林的歧视案例不胜枚举。③

恐怖袭击发生后，美国社会中的"伊斯兰恐惧症"在部分民众中蔓延开来。有大量民众认为穆斯林、阿拉伯人就等同于凶恶、残忍与暴行。许多穆斯林表示在

---

① 种族归纳（racial profiling），又译为种族貌相、种族脸谱化，指执法机关在判断某一类特定的犯罪或违法行为的犯罪嫌疑人身份时将种族或族群特征列入考虑范围，进而可能导致在破案过程中更多地怀疑某一族群的作案嫌疑。

② See The Institute for Social Policy and Understanding, *The USA PATRI-OT Act: Impact on the Arab and Muslim American Community*, Analysis and Recommendations [R]. 2004.

③ See Louise Cainkar, *Post 9/11 Domestic Policies Affecting U. S. Arabs and Muslims: A Brief Review* [J]. Comparative Studies of South Asia, Africa and the Middle East, Vol. 1 (2004); The American Civil Liberties Union, *The Persistence of Racial and Ethnic Profiling in the United States: A Follow-Up Report to the U. N. Committee on the Elimination of Racial Discrimination* [R]. 2009; Jackleen M. Salem, *Citizenship in Question: Chicago Muslims Before and After 9/11* [J]. Muslim World Journal of Human Rights, Vol. 2 (2011); Lori Peek, *Behind the Backlash: Muslim Americans after 9/11* [M]. Philadelphia: Temple University Press, 2011.

"9·11"事件发生后的数月内在大街上遭到了陌生人的喊叫、诅咒及谩骂，尤其是戴面纱的女性更容易遭到周围人敌意的眼神。一夜之间，穆斯林群体仿佛成了众矢之的。

歧视与敌意不仅仅发生在大街上，还有相当一部分渗入到工作之中。有学者就"9·11"事件对美国穆斯林男子的就业影响作了深入研究。结果显示，恐怖袭击虽未明显地影响该群体的就业情况及工作时长，但他们的实际薪水与周平均收入有所下降，幅度为9—11个百分点。而根据美国公平就业机会委员会在2002年的一份报告显示，在恐怖袭击发生后的8个月时间里，遭受到就业歧视的穆斯林人数大幅增加。该委员会在此期间收到了488份与"9·11"事件相关的工作歧视投诉，其中的301人被其雇主开除。[①]

除了在生活、就业等方面遭到歧视外，穆斯林群体还遭受到各种各样的仇恨罪行。仇恨罪行通常指针对某一特定社会群体的犯罪行为，其形式包括因仇恨引起的犯罪行为和被定义为犯罪的仇恨言论。有学者将发生在2001年1月至2002年5月的针对阿拉伯裔美国人的仇

---

① See Neeraj Kaushal, Robert Kaestner and Cordelia Reimers, *Labor Market Effects of September 11th on Arab and Muslim Residents of United States* [J]. The Journal of Human Resources, Vol. 2 (2007).

恨罪行进行了数字统计：2001年1月1日至9月10日，共有260起相关记录；而从2001年9月11日至2002年5月31日，这一数字飙升到1502起。① 美国联邦调查局在2001年共接到481份反伊斯兰的仇恨罪行报告，而在2000年时这一数据为28份。值得注意的是，2001年接收到的大部分报告都发生在"9·11"后短短的4个月内。这些针对穆斯林的仇恨罪行包括袭击、恐吓、纵火、故意破坏、暴力威胁甚至枪击等。"9·11"事件之后，新闻媒体共报道了至少15起针对穆斯林的纵火（包括纵火未遂）案件。至少有3人被反穆斯林分子杀害。仅在恐怖袭击后第一周内，就有104起针对清真寺等宗教场所的袭击事件见诸报端。②

长期以来，美国国内针对穆斯林群体的歧视和虐待事件层出不穷。2005年3月11日，美国司法部总监察长格伦·法因在他的一份报告中披露，穆斯林囚犯在美国很多地方的联邦监狱中受到了歧视和虐待。这种事件不但发生在标榜"自由和民主"的美国，更令人感到不解的是，事情发生后，负有责任的狱长和看守竟没有受到任何惩罚。这些事件也出现在其他人的调查报告中，

---

① See Ilir Disha, James C. Cavendish and Ryan D. King, *Historical Events and Spaces of Hate: Hate Crimes against Arabs and Muslims in Post-9/11 America* [J]. Social Problems, Vol. 1 (2011).

② See Human Rights Watch, *We Are Not the Enemy: Hate Crimes Against Arabs, Muslims, and Those Perceived to be Arab or Muslim September* 11 [R]. 2002.

法因每隔半年就需要对司法部可能发生的侵犯民权事件进行调查，在他2004年的一份报告中，提到了多起针对穆斯林不公平待遇的案件。报告中指出，联邦检察官拒绝对监狱长提起刑事诉讼，案件只是被移交到了联邦监狱管理局处理。在另一起事件中，法因的调查人员发现另一个联邦监狱的看守对一名穆斯林囚犯进行虐待，不仅如此，他们还怂恿和允许其他犯人对上述囚犯进行攻击。而在以前的调查中，法因曾经发现了一些监狱中拍摄的录像带，这些视频文件证实了看守殴打囚犯、将他们的头部撞墙、反扭囚犯的手臂以及对囚犯实施不必要裸身搜查的行为。同时，一些监狱官员承认，他们还有更多的录像资料没有上交给调查人员。最令他感到震惊的是，他派出的调查人员曾经在一所联邦监狱中找过一个穆斯林囚犯谈话，5天以后，该监狱的狱长就以"非法和不恰当"的命令将上述囚犯转移到了一个单独监禁犯人的"小号"中关押，而且一关就是4个多月。

法因的报告的覆盖范围是2004年6月22日至当年年底，在此期间，这位总监察长共收到了1943宗投诉，其中有1300宗都是一些"鸡毛蒜皮"的小事，如指责监狱用广播来干预人们的思想自由，等等，还有435宗投诉不在总监察长的管理权限范围内。

由此可见，法因的报告披露的只是冰山一角，针对穆斯林群体的歧视远比报告中披露的更为严重。监狱机关往往最能反映一个国家法治水平的完善与否，美国一直以"真正的法治国家"自居，而从上述事件来看，美国要想达到真正的民主法治，可谓任重道远。

二 特朗普任内美国穆斯林群体境遇每况愈下

（一）"禁穆令"使定居美国的穆斯林民众人人自危

唐纳德·特朗普在竞选中就宣扬禁止穆斯林入境计划，2017年1月27日，刚上任的美国总统特朗普签署了一份名为"阻止外国恐怖分子进入美国的国家保护计划"的行政命令。这份"禁穆令"宣称，在未来90天内，禁止向伊拉克、叙利亚、伊朗、苏丹、索马里、也门和利比亚7个伊斯兰国家的普通公民发放签证，以防止从这些特朗普所称的"高危地区"输入恐怖主义。此令一出，美国国内闹得沸沸扬扬，有抗议的，有起诉的，英国首相、加拿大总理表示不认可，谷歌、亚马逊、脸书等公开反对，数千人联名抗议，连高盛都站出来指责。哥伦比亚大学的学者穆斯塔法·巴约米在《卫报》撰文称，特朗普此举表明自己正式要"猎杀穆斯林"，总统把美国带进了落后的时代，正如19世纪禁止华人前往美国一样。①

特朗普的这一政策，给定居在美国的穆斯林群体造成了困扰。在一座波士顿的什叶派清真寺，其负责人处于极其尴尬的境地中——他的妻子是来自埃及的逊尼派穆斯林，在美国接受大学教育，并在美国工作多年，但在特朗普颁布第一个"穆斯林禁令"之后，她的工作签证的续期申请就被美国移民局拒绝，哪怕埃及并不属于"穆斯林禁令"所罗列的 7 个国家之一。特朗普执政时期的美国穆斯林，如同半个世纪以前的犹太教徒和一个半世纪以前的天主教徒那样，因为自己的信仰而遭到政治上的歧视和孤立，即便超过八成的穆斯林都有美国公民的身份或永久居留权。

（二）无视穆斯林群体的宗教信仰

据美国《商业内幕》报道，有美国律师 2020 年 8 月 19 日指控称，位于佛罗里达州迈阿密的一处美国入境和海关执法局（以下简称 ICE）的拘留中心，在新冠病毒大流行之际向被拘留的穆斯林移民供应猪肉类食品，并迫使他们在"信仰和饥饿之间进行选择"。该中心一

---

① 参见观察者综合新华社、界面新闻、BBC 等报道：《特朗普签署"穆斯林禁令"：停止向 7 个伊斯兰国家发签证 拒绝叙利亚难民》，载观察者网，https://www.guancha.cn/global-news/2017_01_28_391747.shtml。

共关押440名移民，其中包括数十名穆斯林，"穆斯林被拘留者被迫接受这些（含有猪肉或猪肉类产品的）饭菜，因为ICE提供的符合宗教信仰或清真的食品一直都是腐烂和过期的"。早在2017年，ICE及其官员就给位于佛罗里达州迈阿密的克罗姆服务处理中心的穆斯林被拘留者提供腐烂和过期的清真食品，给穆斯林移民预先准备好的饭菜中，每周至少有2—3次都含有猪肉。当穆斯林移民将这一情况反映给ICE的工作人员时，相关投诉被故意置之不理。设施内的宗教服务人员也拒绝给他们提供任何帮助，并说"事情就是这样"。①

（三）普通穆斯林民众遭遇死亡威胁及人身攻击

所谓极右的"白人优先"之类的社会团体也随着特朗普的当选而日益活跃起来，这些团体针对美国穆斯林的暴力犯罪也明显增加，从FBI发布的数据看，2016年发生的针对穆斯林的暴力事件较2014年增长了约2倍，由2014年的154起上升到307起。研究发现，近年来美国人对伊斯兰教的看法变得越来越负面。公共宗教研究中心2015年的调查显示，56%的美国民众认为伊斯兰教与美国基本价值相冲突，共和党人中这一比例则高达

---

① 参见环球日报新媒体：《美国政府被指控迫使被拘穆斯林移民食用猪肉类食品》，载环球网2020年8月20日，https://world.huanqiu.com/article/3zXv4JVYvco。

76%。皮尤研究中心 2016 年调查显示，82% 的美国公众认为美国的穆斯林面临着歧视，其中有 57% 的人认为穆斯林面临着严重歧视，这一比例比三年前的调查高出 7 个百分点。相关调查结果还显示，穆斯林多年来都位于美国最被歧视的群体之列。穆斯林人口只占美国总人口的 1% 左右，但是联邦政府调查的宗教歧视案件中，14% 涉及穆斯林；在职场宗教歧视案件中，25% 涉及穆斯林。针对穆斯林民众的仇恨犯罪事件近年来不断发生。①

类似的针对普通穆斯林民众的案件时有发生，2015 年 2 月 10 日，北卡罗莱纳大学附近三名穆斯林学生遭枪杀，凶手此前时常在网络上发表各种反宗教言论。② 2016 年 12 月，纽约市一名 34 岁的穆斯林女警官遭遇仇恨式的恐吓，一名男子对她吼道："伊斯兰国恐怖分子，我要割开你的喉咙，滚回你的国家去。"③ 2016 年 11 月，美国佐治亚州的一位高中穆斯林女教师收到一个学生的恫吓纸条，事情发生在大选之后。纸条上写道："为什么不用你的头巾绑在脖子上（上吊）"。这张在教室发现

---

① 参见郝亚明：《从"禁穆令"看美国少数群体的权利保障》，载《人民日报》2017 年 3 月 10 日，第 18 版。
② 参见人民网美国频道：《美国男子行刑式枪杀 3 位穆斯林大学生 包括一对新婚夫妇》，载人民网，http://usa.people.com.cn/n/2015/0212/c241376－26556758.html。
③ 参见郝亚明：《从"禁穆令"看美国少数群体的权利保障》，载《人民日报》2017 年 3 月 10 日，第 18 版。

的匿名纸条上还画了两面美国国旗，签名是"美国"。收到纸条的教师是24岁的迈拉·泰利，在学校任语言艺术科目教师，她将纸条拍照并上传社交媒体，并且写道："我想通过分享（这件事）引起对我们社会的现实与状况的关注。传播仇恨不会'让美国再次伟大'。""让美国再次伟大"是特朗普的竞选口号。据美媒报道，选举结束后，美国不少地方发生排斥、仇视穆斯林和其他少数族裔的事件。①

2019年3月，美国穆斯林女议员伊尔汗·奥马尔遭遇死亡威胁。36岁的奥马尔2016年12月当选明尼苏达州议员，是美国历史上首位当选州议员的索马里裔美国人，并与拉希达·特莱布一同成为国会历史上首度当选的穆斯林女性议员。嫌疑人被捕后，福克斯新闻和美国总统特朗普因传播"伊斯兰恐惧症"而被推上风口浪尖。据《卫报》报道，55岁的男子帕特里克·卡里尼奥致电奥马尔的办公室，言辞激烈地对接电话的工作人员说："你是不是为穆斯林兄弟会工作？你为什么为她工作？她是个恐怖分子，我会朝她的头上开一枪。"根据FBI的调查，卡里尼奥先承认了自己在电话中的威胁言论，随后又否定，称自己只是"生气了"。在调查中，

---

① 参见夏文辉：《传播仇恨 美国穆斯林女教师收到恫吓纸条》，载新华网，http：//www.xinhuanet.com/world/2016-11/15/c_129363501.htm。

卡里尼奥形容自己是一位"热爱总统"并"讨厌政府中的激进穆斯林"的爱国者。FBI还在他的住处发现一把霰弹枪和一把.22口径手枪。《卫报》报道称，在卡里尼奥被捕后，纽约女议员亚历山大·奥卡西奥·科尔特斯认为，奥马尔的死亡威胁与福克斯新闻主持人珍妮·皮罗极具争议的言论存在因果关系。"当皮罗在福克斯新闻上号召人们视头巾为一种威胁时，就会导致这种事情发生。"科尔特斯在一则推文中表示。

特朗普则被认为是传播"伊斯兰恐惧症"的幕后元凶。卡里尼奥被捕仅几小时后，特朗普在拉斯维加斯向共和党犹太人联盟演讲时特别提及奥马尔："哦，我忘记了，她不喜欢以色列，很抱歉。她不喜欢以色列，对吧？"特朗普用讽刺的语气感谢了奥马尔，暗指其未对以色列表示支持，引发了在场犹太裔共和党人的哄笑。2019年3月15日新西兰克赖斯特彻奇两座清真寺发生枪击事件后，奥马尔曾指责特朗普是这种暴力背后的"仇恨煽动者"。奥马尔表示，特朗普是一位公开宣称伊斯兰教仇视美国人的总统，"他引发了对穆斯林的憎恨，他们认为可以一种没有人性、充满诽谤的方式谈论信仰和信众"。美国穆斯林群体警告称，围绕伊斯兰教，尤其是奥马尔本人的激烈言辞已经让社会氛围变得危险。美国伊斯兰关系委员会执行主任阿法夫·纳西尔表示,"白宫'伊斯兰恐惧症'主导下的政治环境使仇恨言论正常化"。他指出,必须认真对待"伊斯兰恐惧症"和"白人至上主义"。①

据《华盛顿邮报》、美国有线电视新闻网等美媒报道,2020年7月1日,居住在美国明尼苏达州圣保罗市的一名穆斯林女子艾莎,到当地商场的一家星巴克店里点饮料,但是在取饮料时却发现杯身被店员写上了"ISIS(伊斯兰国)"的字样。②

2021年5月14日,据美国有线电视新闻网报道,纽约布鲁克林羊头湾附近的穆斯林抵达当地"泰巴"伊斯兰中心庆祝开斋节,这标志着斋月的结束,当时他们发现中心入口处喷有"巴勒斯坦去死"字样。破坏行为发生在以色列人和巴勒斯坦人之间的紧张局势和暴力加剧之际,清真寺的伊玛目穆罕默德·尤努斯说,他对涂鸦感到震惊,不明白为什么有人会针对这个小社区。

由于美国政策等因素的影响,国内穆斯林民众境遇每况愈下。在双重标准下,美国本国问题恰恰成了所谓"普世价值"的"最佳反面教材"。美国政府漠视生命、抗疫不力,导致62万多美国民众在新冠疫情中失去生

---

① 参见澎湃新闻记者南博:《美国穆斯林女议员遭死亡威胁,特朗普被指传播"恐伊症"》,载澎湃新闻网2019年4月8日,https://www.thepaper.cn/newsDetail_forward_3271874。

② 参见观察者网风闻:《美国一穆斯林女子买星巴克遭羞辱:杯身写"ISIS"》,载观察者网2020年7月10日,https://user.guancha.cn/main/content?id=344432。

命；虽然美国标榜"宗教自由""人权至上"的价值，穆斯林群体在美国遭遇的歧视却日益严重。根据美方自己的调查结果，75%的美国成年穆斯林表示美国社会存在大量对穆斯林的歧视，69%的普通公众也持相同观点。50%的美国穆斯林认为，近年来在美国做一名穆斯林变得更加困难。穆斯林一直都是美国最受歧视的群体。根据美国伊斯兰关系委员会2018年4月发布的报告，2016年以来，美国反穆斯林团体的数量激增两倍。2017年美国反穆斯林事件中，三分之一以上受联邦政府机构煽动。2018年美国中期选举中，超过三分之一的候选人声称穆斯林天生暴力或构成迫在眉睫的威胁，将近三分之一的候选人呼吁剥夺穆斯林的基本权利或宣称伊斯兰教不是宗教。①

据美联社去年7月20日报道，因不满特朗普限制穆斯林入境，美国穆斯林官员们宣布支持拜登，由美国穆斯林组成的艾默格行动组织召开了"百万穆斯林选票"在线峰会，强调了其对提高11月穆斯林投票率的重视。拜登就职总统后，取消了"禁穆令"，在今年4月12

---

① 参见黄钰钦：《外交部回应美官员涉疆言论：超级谎言的制造者和散播者》，载中国新闻网，https：//www.chinanews.com.cn/m/gn/2019/12-10/902pp31.shtml？ivk_sa=10231p7a。

日,白宫发布的《总统关于斋月开始的声明》①,肯定了穆斯林在美国历史上发挥的作用,同时也承认,美国穆斯林仍然是欺凌、偏执和仇恨犯罪的目标。这种偏见和这些攻击是错误的。它们是不可接受的。它们必须停下来。在美国,任何人都不应该生活在表达自己信仰的恐惧中。

6月,美国参议院以81票赞成、16票反对,大比数通过任命巴基斯坦移民后代古莱希为新泽西州联邦法官,古莱希是美国首位联邦法官,由此可见,拜登政府通过不同的方式来兑现竞选时的承诺。但拜登政府在国内的种种举动,并不能有效地解决美国国内对穆斯林的歧视和不公平的待遇,国际社会有充分理由对美国的穆斯林政策,包括美国国内的穆斯林人权状况感到强烈关切和担忧。

---

① 美国白宫:《总统关于斋月开始的声明》,载美国白宫官网,https://www.whitehouse.gov/briefing-room/statements-releases/2021/04/12/statement-from-the-president-on-the-beginning-of-ramadan/。

美发动伊拉克战争严重损害伊斯兰世界利益[*]

[*] 朱泉钢,中国社会科学院西亚非洲研究所(中国非洲研究院)副研究员。本文原发于《光明日报》2021 年 7 月 14 日。

2003年3月，美国政府携冷战后"一超独大"优势，绕过联合国，不顾国际社会的强烈反对，以"莫须有"之名，悍然发动伊拉克战争，推翻萨达姆政权。伊拉克战争（以下简称"伊战"），不仅严重践踏国际法和国际秩序，而且给伊拉克带来深重灾难，直接损害了伊拉克和伊斯兰世界的利益。

一　严重损害伊拉克的人权状况

美国主导下的海湾战争（1990—1991年）、对伊拉克制裁（1990—2004年）和伊战（2003年），完全将伊拉克从一个中东地区强国摧残成"失败国家"。战后，伊拉克国家发展陷入长期停滞，人民的生命权和发展权遭受严重破坏。

首先，伊拉克经济发展陷入长期停滞。正如美国加利福尼亚大学圣芭芭拉分校学者尤塞夫·贝克指出的，美国入侵伊拉克的一个重要目的是将伊拉克融入美国主导的全球资本主义体系。因此，西方国家及其代理人在伊战后主导了伊拉克经济，并将伊拉克锚定在全球"中心—边缘经济体系"中的边缘位置。根据世界银行的数据，2003年之后，伊拉克的人均收入水平再也没有达到1990年的水平，2013年是伊战后其人均收入的最高点，但也不过7040美元，仍低于1990年的7050美元。

其次，伊拉克民众人身安全难以保证。萨达姆统治时期，伊拉克虽然也存在诸多问题，但政府基本能够保障社会稳定，绝大多数民众享有人身安全。伊战之后，伊拉克陷入高频度、高烈度、高广度的暴力冲突，普通民众的人身安全越发难以保障。一方面，大量平民死于非命。据全球统计数据库的资料，2003—2020年，有约20.85万伊拉克平民死于暴力冲突。另一方面，大量民众流离失所。截至2020年，有约920万伊拉克民众在伊战之后沦为难民或被迫离开故土，大约每25名伊拉克人中就有1人流离失所。

最后，伊拉克人民的发展权严重倒退。伊战摧毁了伊拉克大量的基础设施，国家公共服务能力极大下降，民众面临缺水少电、缺医少药等问题。以卫生部门为例，伊战之后，伊拉克的医疗水平下降十分明显。1990年，伊拉克97%的城市人口和71%的农村人口能享受公共医疗服务。伊战后，约 2 万名医生逃离伊拉克，大量医疗设施在战火中被毁。在第二大城市摩苏尔，13 所医院中的 9 所被摧毁，180 万人的城市可用病床仅有 1000 张。目前，伊拉克感染新冠病毒人数超过 143 万，死亡人数超 1.75 万。

二 严重破坏伊拉克的社会团结

正如尼日利亚法学家丘库迪夫·奥普塔在揭露殖民者对殖民地的影响时指出的那样，就帝国对他国的干预而言，无形领域比有形领域伤害性更大。伊战之后，美国通过主导"去复兴党化""民主改造""战后重建"，试图重塑伊拉克人的精神世界。

第一，伊拉克社会团结和国家凝聚力被摧毁。萨达姆政权奉行复兴党的"统一、自由和社会主义"意识形态，试图建立强大的伊拉克。萨达姆倒台时，绝大多数伊拉克人仍支持单一制国家。然而，美国占领当局并不想看到一个强大的伊拉克政府，强行移植西方民主，利用多种手段建立一个联邦制、教派和族群分权的脆弱国家。最终，伊拉克民众的国家认同严重下降，教派矛盾、族群矛盾、部落矛盾激化，外部势力乘机介入，伊拉克成为内讧不断、暴力盛行、冲突迭起的场地。

第二，伊拉克社会风气和社会道德下降严重。腐败盛行是其重要表现。2003年之后，美国公司的行贿行为、伊拉克反腐制度建设的乏力、多数精英缺乏公共精神，导致伊拉克腐败猖獗。伊拉克总统萨利赫在2021年5月向议会提交《伊拉克腐败资金追回法案》时指出，伊战以来，伊拉克的国家石油资产因腐败造成的损失高达1500亿美元。腐败给伊拉克带来了灾难性后果，不仅浪费国家资产、伤害普通民众利益，而且使外国势力控制伊拉克经济命脉，破坏国家主权独立和公共安全。

第三，伊拉克人的民族自豪感和自信心被严重打击。伊拉克文明历史悠久、辉煌灿烂、兼收并蓄，造就了伊拉克民众深厚的民族自豪感和自信心，这是伊拉克国家发展和历史进步的重要精神财富。伊战后，美国不仅从伊拉克运走大量的珍贵文物和档案资料，而且主导伊拉克的历史书写和主流叙事，试图通过重塑伊拉克民众的集体记忆和历史心性，破坏伊拉克民众的民族情感，培养伊拉克民众的亲美倾向。长远来看，伊拉克民众文化自信和民族自信的缺失，不利于国家的发展进步。

三 严重伤害整个伊斯兰世界

伊战不仅极大损害了伊拉克的国家利益和人民利益，而且对伊斯兰世界的利益也造成严重伤害。

一方面，伊战降低了伊斯兰世界在全球格局中的地位。塞缪尔·亨廷顿依据宗教将全球文明区分为基督教文明、伊斯兰文明、儒家文明等八大文明体系，伊战无疑削弱了伊斯兰文明，直接弱化了伊斯兰世界的实力。伊拉克是伊斯兰世界的中等强国，美国在伊战中的军事胜利，使得伊斯兰世界进一步式微。与此同时，伊战间接破坏了伊斯兰世界的团结。伊战之后，伊斯兰世界的逊尼派与什叶派矛盾加剧，中东地区的伊斯兰大国之间地缘政治博弈激烈，作为整体的伊斯兰世界在全球文明格局中地位下降。

另一方面，伊战阻碍了伊斯兰国家自主探索发展道路的尝试。近代以来，伊斯兰世界逐渐从传统的帝国体系转变为民族国家体系，伊斯兰国家一直处于探索适合自身的发展道路的进程中。事实上，包括伊拉克在内的伊斯兰国家的道路选择是历史发展的结果，是跟自身国情相适应的产物。美国发动伊战，强势将自己信奉的新自由主义模式向全世界扩张，不仅带有深厚的霸权主义色彩，而且破坏了伊斯兰国家自主探索发展道路的努力，这种不切实际的制度输出造成了一系列灾难性后果。

更为重要的是，伊战助长并激化了中东地区的恐怖主义，成为危及各国安全的全球性问题。美国发动的伊战摧毁了萨达姆强人政权，战后伊拉克安全重建困难重重，国家控制能力下降为恐怖主义的扩张提供了条件，伊拉克遂成为恐怖分子的重要聚集地。"基地组织"和"伊斯兰国"势力就是利用伊拉克的混乱局面兴风作浪，成为危及伊拉克、叙利亚等多国安全的最大挑战。同时，伊战也加剧了穆斯林民众对美国霸权的仇视和愤恨，催生了反美和仇美主义，针对美国及其西方盟友的暴力袭击事件时有发生。

伊战的硝烟尚未散尽，伊战的危害还将延续很长时期。伊战是21世纪美国霸权主义践踏国际法的历史性罪证，伊战的历史告诫人们，坚决反对和防范美国霸权主义和强权政治仍是全球爱好和平的国家和人民的共同责任。

美国国内对穆斯林的歧视与迫害[*]

[*] 李维建,中国社会科学院世界宗教研究所研究员,当代宗教研究室主任。本文原发于《光明日报》2021 年 7 月 17 日。

美国号称"民主国家",就宗教与种族政策而言,美国声称施行种族民族平等、宗教自由政策,而事实并非如此。

早期美国人力资源短缺,欢迎包括穆斯林移民在内的世界各地移民。美国欢迎移民的前提是不危害美国主流白人的利益,不危害美国所谓的主流价值观。在此前提下,美国主流社会对穆斯林群体能保持有条件的容忍度。但是,当美国的穆斯林达到一定的数量,美国主流社会感到威胁时,则立刻变脸,采取各种或隐或显的政策和措施,对穆斯林群体实施歧视、限制、打压、迫害等。美国的"自由民主"画皮逐渐被剥了下来。当前,美国穆斯林人口约500万,仅占美国总人口的2%,但美国主流民意已经无法容忍其存在。

尤其自"9·11"以后,美国主流社会的"伊斯兰恐惧症"日益加剧,视穆斯林群体和伊斯兰教为"他者"和异己力量。穆斯林经常莫名被审查,被武断地拒绝上飞机，被取消政府福利，被关闭银行账户，被莫名无罪起诉。当前的拜登政府出于选票考虑，对穆斯林群体的歧视和迫害还有些忌惮，会做些装模作样的表面文章，但总体上，美国主流群体对穆斯林和伊斯兰教的不信任、恐惧、歧视、双标、限制、打压，在政策和社会的显性场面越来越明显，二者之间的冲突愈演愈烈。美国穆斯林群体的孤独感和边缘化愈加强烈。

一　通过立法限制穆斯林群体权利

美国以"法治"国家自居，立法限制穆斯林，是最为名正言顺的措施。"9·11"后，美国联邦政府和各州都加速了相关立法。

在联邦一级，反穆斯林立法不断推进。多年来，美国公共政策联盟和安全政策中心等反穆斯林团体一直在推动极右翼阴谋论，警告"伊斯兰教法"对美国迫在眉睫的威胁。这些团体采用的主要策略包括撰写和倡导他们声称将阻止"伊斯兰教法"在美国生效的法案。

2001年9月11日恐怖袭击事件发生后，乔治·布什政府响应美国公众的行动要求，通过了前所未有的全面立法。三天后，国会通过了名为"授权使用军事力量"的法律，赋予布什总统以"对未指明的国家和非国家行为者似乎适当或必要"的任何方式使用军队的权力。在"9·11"后反恐的背景下,所谓"未指明的国家",其实就是针对伊斯兰国家,而"非国家行为者",就是针对国内穆斯林。

6周后,美国《爱国者法案》在几乎没有国会辩论的情况下获得通过,大大扩展了几个政府机构通过搜索、电子监视和窃听获取信息的能力。该法案还引入了搜查的许可权,即无须政府通知住宅的私人业主,政府便有权搜查私人住宅。一些学者认为,《爱国者法案》等类似法律的通过,是政府利用美国公众的恐惧心理将针对种族的歧视政策合法化的方式。

2003年7月,《实施外国人刑事驱逐法》授予地方执法机构执行联邦移民法的权力。《爱国者法案》与《实施外国人刑事驱逐法》联合实施,导致对穆斯林的监视增加。穆斯林(公民和非公民)在被长时间拘留期间,不能接受法定的审核和正式指控。根据美国监察长办公室的数据,穆斯林从被捕到完成法律手续,平均被非法关押的时间是80天。联邦政府对穆斯林的监视,正在清真寺、互联网上和通过图书馆记录、银行账户和工作场所等所有可能的地点和方式进行着。

在"9·11"事件发生近一年后,美司法部长宣布引入国家安全出入境登记系统。持临时签证的、来自阿拉伯/伊斯兰国家的 16 岁至 45 岁男性需要"特别登记",这些人被要求向移民局办公室报告。"特别登记"包括指纹、拍照和询问。这导致了许多穆斯林被驱逐出境和对穆斯林的虐待和侵犯权利。

美国《爱国者法案》《实施外国人刑事驱逐法》、引入国家安全出入境登记系统对公民自由产生负面影响,对穆斯林少数派,特别是对阿拉伯少数民族和穆斯林移民的权利侵害最为严重。穆斯林组织认为,这些政府计划和政策会造成穆斯林产生焦虑感,排斥和孤立使穆斯林脱离美国主流。

在州一级,反穆斯林的立法更多。目前美国各州已经提出反穆斯林立法 227 件,其中有 22 件通过议会审议成为法律,构成对穆斯林的体制性侵害。以下为这 22 件已通过的法律列表(字母加数字为提案编号,SB 表示参议院通过的法案,HB 表示众议院通过的法案,随后依次为提案人、法案名、所在州、是否通过、年代):

1. SB4:参议员艾伦,《美国人和亚拉巴马州法律的亚拉巴马州法院修正案》(反伊斯兰教法法案),亚拉巴马州,表决通过,2014 年。

2. HB2064:参议员博格斯,《技术修正;解散》(反伊斯兰教法法案),亚利桑那州,表决通过,2011 年。

3. SB630：参议员拉珀特·安迪，《规定加强因恐怖主义行为引起的民事责任法案》，并被称为"安迪法案"，阿肯色州，表决通过，2013年。

4. HB1041：众议员史密斯，《保护阿肯色州宪法和美国宪法赋予的权利和特权；为美国法院宣布美国法律》（反伊斯兰教法法案），阿肯色州，表决通过，2017年。

5. HB65：众议员费舍尔、怀特、贝尔德、考提斯、法恩、冈萨雷斯、麦兹、佩莱肯、莱纳，《恐怖主义民事救济》，佛罗里达州，2017年。

6. SB386：参议员黑斯，《外国法在法庭上的应用》（外国法即暗指伊斯兰教法），佛罗里达州，表决通过，2014年。

7. HB2463：众议院惩戒和少年司法常务委员会，《为恐怖主义行为制定民事责任》《没收与违反某些犯罪行为有关的财产》，堪萨斯州，表决通过，2014年。

8. SB79：参议员欧诺斯、金、哈雷、布鲁斯、多诺凡、凯利、林恩、皮尔舍－库克、斯格多夫、艾姆伯格、拉特尔，《关于保护宪法赋予的权利》（反伊斯兰教法法案），堪萨斯州，表决通过，2012年。

9. HB495：安迪，《因恐怖行为造成的伤害的损害赔偿》，路易斯安那州，表决通过，2015年。

10. HB785：众议员乌顿，《反伊斯兰教法法案》，路易斯安那州，2010年。

11. SB460：参议员马提尼，《关于外国法律适用的规定》（反伊斯兰教法法案），路易斯安那州，表决通过，2010年。

12. SB757：参议员马提尼，《就受某些法律或实践规限的安全注册而订定的条文》（反伊斯兰教法法案），路易斯安那州，表决通过，2012年。

13. HB177：众议员斯密斯、阿诺德、布朗、拉德纳、贝克尔，《关于在本州司法程序中适用外国法律的法案；提供立法调查结果；定义某些术语；在某些情况下禁止使用和执行外国法律；规定在某些情况下的适用性；以及相关用途》（反伊斯兰教法法案），密西西比州，表决通过，2015年。

14. HB371：众议员惠特迈尔、克利夫兰、史蒂文斯，《恐怖索赔/损害/责任支持法案》（反伊斯兰教法法案），北卡罗来纳州，表决通过，2015年。

15. HB522：众议员阿维拉、皮特曼、杰特尔、斯潘西勒、乔丹、佐克，《外国法律/保护宪法权利》（反伊斯兰教法法案），北卡罗来纳州，表决通过，2013年。

16. SB596：参议员库拉维耶克、牛顿、韦德、布罗克、丹尼尔、希艾斯，《反对不受约束的外国判决》（反伊斯兰教法法案），北卡罗来纳州，表决通过，2015 年。

17. HJR1056：众议员杜坎、参议员萨克斯，《禁止在州法院适用国际法和伊斯兰教法法案》，俄克拉荷马州，2010 年表决通过，在联邦法院被推翻。

18. HB1060：众议员科恩、斯坦尼斯洛斯基，《民事诉讼程序；宣布某些裁决、决定、合同和合同条款违反公共政策、无效和不可执行；生效日期》（反伊斯兰教法法案），俄克拉荷马州，表决通过，2013 年。

19. HB1253：众议员亨特，《禁止司法执行任何宗教法规的法案》（反伊斯兰教法法案），南达科他州，表决通过，2012 年。

20. SB180：参议员凯特恩，《一项修改田纳西州法典的法案》，田纳西州，表决通过，2015 年。

21. HB3768：众议员丹尼斯，《在适用外国法律、法典和制度方面确立某些公共政策，以保护本州公民的宪法权利》（反伊斯兰教法法案），田纳西州，表决通过，2010 年。

22. HB45：众议员弗林、里奇等，《关于要求得克萨斯州最高法院通过规则并就某些家庭法案件中外国法律的适用提供司法指导》（反伊斯兰教法法案），得克萨斯州，表决通过，2017 年。

二　歧视穆斯林的事例屡见不鲜

美国政府也会直接颁布政策限制穆斯林。最为著名的是美国联邦政府的"13769 号行政令",即"穆斯林禁令"。2017 年 1 月 27 日,时任美国总统特朗普签署了一份名为"阻止外国恐怖分子进入美国的国家保护计划"的行政命令。这份行政令要求,未来 90 天内,禁止伊拉克、叙利亚、伊朗、苏丹、索马里、也门和利比亚这 7 国公民入境美国。此禁令赤裸裸地剥夺了美国穆斯林探亲、宗教交流、文化交往等权利。拜登政府出于自身利益考虑,虽然取消了禁令,但这项政策的阴影将长期存在,也暴露了美国"自由"的虚伪。

对穆斯林的歧视在美国国内就业问题上表现得十分突出。卡内基梅隆大学 2013 年的一项研究发现,在全国范围内,穆斯林在向同一机构提交相同的工作申请后,收到的回信"比基督徒少 13%"。该研究还得出结论,"在共和党选民比例较高的县",穆斯林和基督徒收到回电之间的差异更大,在这些选区,基督徒收到的回电几乎是穆斯林的 4 倍。该研究补充说,与基督教候选人相比,共和党县的雇主招收穆斯林候选人的可能性要小得多。相比之下,民主党县对穆斯林就业歧视要少。在州一级，对穆斯林就业的偏见更大，基督徒求职者收到的回信是共和党州穆斯林求职者的7倍多。民主党各州对穆斯林就业的歧视则不明显。"平等就业机会委员会"称，"9·11"后基于宗教的对穆斯林的歧视增加了近250%。此外，从2001年到2005年的4年时间里，穆斯林提出的歧视指控数量与另一个4年期间相比几乎翻了一番。一位名叫哈拉·巴纳法的穆斯林妇女，在加利福尼亚州米尔皮塔斯的艾伯克罗拜儿童商店求职失败。她是因为戴头巾而被拒绝，经理决定不予雇用，因为公司认为她不适合该商店的着装要求。

关于宗教骚扰的诉讼正在增加。在扎耶德诉苹果公司一案中，一名阿拉伯穆斯林妇女以骚扰、报复、诽谤和基于宗教、国籍和性别的精神痛苦为由起诉苹果公司。扎耶德1994年以来一直受聘为一名工程师，在"9·11"恐怖袭击之后，她的工作环境发生了巨大变化。扎耶德声称，同事们开始询问她的宗教是否鼓励穆斯林进行自杀性爆炸。此外，她还表示，在她表达对伊拉克战争的不满之后，这些员工还给了她恶意的表情，"砰"的一声关上了她的门，并表达了对扎耶德的明显不满和愤怒。扎耶德声称她感到被边缘化，并认为她被错误地排除在主要提供给非阿拉伯白人同事的项目和职业机会之外。最终，2004年，扎耶德选择休残疾假，并表示部分原因是她在应对上司和同事的严厉对待时所承受的压力。但是在她请病假期间，苹果公司解雇了她。在被解雇后，扎耶德决定起诉。

在许多情况下，穆斯林妇女被禁止戴头巾。她们因戴头巾而受到骚扰、被解雇、被拒绝进入公共场所，以及以其他方式受到歧视。"9·11"之后，穆斯林女性越来越多地成为骚扰的目标。虽然很难获得关于歧视事件的准确统计数据，但歧视事件的确在上升。美国伊斯兰关系委员会的报告说，穆斯林女性的民权投诉从2000年的366件增加到2006年的2467件，增长了674%。其中，穆斯林妇女的头巾被确定为2006年154起歧视或骚扰案件的引发因素，这些案件中最常见的投诉是被禁止戴头巾。

2019年10月，一名来自俄亥俄州的16岁穆斯林女运动员努尔·亚历山大·阿布卡拉姆因戴头巾被取消参加越野比赛的资格。自2016年以来她戴着头巾参加了三项高中运动会比赛。然而她被告知，她需要特别许可才能戴着头巾参加比赛。研究发现，戴头巾的穆斯林妇女比不戴头巾的穆斯林妇女更有可能面临歧视：戴头巾的妇女中有69%报告了至少一次歧视事件，而没有戴头巾的妇女则为29%。

据报道，2020年，佛罗里达州迈阿密市的一个联邦移民设施中的穆斯林被拘留者多次被提供违反其宗教信仰的猪肉或猪肉制品。在此之前，据2019年的报道，拘留所一名持有有效美国工作许可证的巴基斯坦出生的男子连续6天只得到猪肉三明治。

虽然穆斯林仅占美国人口的2%，全美近四分之一的宗教歧视却发生在穆斯林身上。

三　穆斯林合法权利遭受严重侵犯

"9·11"恐怖袭击之后不久进行的一项民意调查发现，大约三分之一的美国人认为将阿拉伯裔美国人拘留是可以接受的。皮尤研究中心2004年的一项民意调查也发现，几乎一半的美国人愿意为国家安全事业交换某些公民的自由。在当时的全美反穆反伊舆论环境下，意即随意逮捕少数群体，如穆斯林，是可以接受的。

"9·11"以后，在美国进行的另一项民意调查显示，超过一半的美国人支持在机场对阿拉伯和穆斯林美国人进行更广泛安全检查的政策。2019年3月，旧金山湾区办公室表示，加拿大航空公司的一名登机口工作人员强迫法蒂玛·阿卜杜勒拉赫曼摘下她的头巾。同年10月，在旧金山国际机场，一名12岁的美国壁球队队员在登机时被迫摘下头巾。

在美国政治中,"伊斯兰恐惧症"最常见于保守派和共和党人。共和党人对穆斯林和伊斯兰教的看法比民主党人要消极得多。在2017年皮尤研究中心的一份报告中,大多数共和党人(63%)表示,伊斯兰教比其他宗教更鼓励暴力。68%的共和党人说伊斯兰教不是美国主流社会的一部分,而65%的人说伊斯兰教和民主不兼容。56%的共和党人还表示,美国穆斯林中存在大量或相当数量的极端主义者。与之相应,美国政府在移民程序中存在"伊斯兰恐惧症"。这种形式的仇外心理主要影响穆斯林人口中的男性成员并且已经笼罩了美国的阿拉伯社区。阿拉伯穆斯林移民经常遭受驱逐出境、签证被撤销,以及在美国机场被"令人沮丧地审讯"等不公待遇。

与个人人身权利受到侵犯类似,穆斯林的公共或私人财产被侵犯的事例比比皆是。1994年,加利福尼亚州尤巴市的一座清真寺被烧毁;1995年,俄克拉荷马城爆炸案发生后,政府收到了200多起针对穆斯林财产的暴力和故意破坏事件的报告;1995年4月,北卡罗来纳州海波因特的一座清真寺成为纵火目标;1995年6月,伊利诺伊州斯普林菲尔德发生针对穆斯林的纵火事件;1995年10月,南卡罗来纳州格林维尔发生针对穆斯林的纵火事件;2015年2月13日,位于得克萨斯州休斯敦的库巴伊斯兰学院被纵火。

扎赫拉赫·阿塞米是纽约一家美甲沙龙店的伊朗裔美国穆斯林老板，2007年9月她遭到抢劫、殴打，被锤子砸碎了她的手，她还被称为"恐怖分子"。肇事者强行从店中取出2000美元，并在镜子上潦草地写下反穆斯林的诽谤，还告诉阿塞米"离开城镇"，穆斯林在该地区"不受欢迎"。她的朋友和家人说，袭击发生后两周，仍有电话称其为"恐怖分子"并被告知"离开城镇"。2000年，联邦调查局报告了28起针对穆斯林的仇恨犯罪事件。到2001年底，仇恨犯罪的数量上升到481起。这表明将穆斯林与极端主义和恐怖主义联系的刻板印象在美国仍然普遍存在。2007年至2009年的公共民意调查发现，36%对穆斯林没有偏见的美国人仍然对伊斯兰教持不利看法。在对穆斯林持有"很大偏见"的美国人进行调查时，这个数字跃升至91%。在那次民意调查中，三分之一的美国人认为伊斯兰国家对美国持有"非常不利"的看法，五分之一的美国人认为国际上的穆斯林对其他种族和宗教持有不宽容的看法。

美国民间有众多基金会，专门做反伊斯兰的宣传工作，放大"伊斯兰恐惧症"的声音，在社会上制造恐慌情绪。加州大学伯克利分校和美国伊斯兰关系委员会的一份报告估计，2008年至2013年，美国向33个主要目的是"促进对伊斯兰教和穆斯林的偏见或仇恨"的团体提供了2.06亿美元的资金。在此期间共有74个团体助推了美国的"伊斯兰恐惧症"的恶化。

从1996年到2013年,美国联邦调查局的年度仇恨犯罪统计报告,记录了2001年之前每年平均31起反伊斯兰罪行,然后在2001年("9·11"袭击的年份)跃升至546起,此后平均为每年159起。在这些罪行中,反伊斯兰纵火事件增长趋势也大致如此:2001年之前平均每年发生0.4起纵火事件,2001年跃升至18起,此后平均每年发生1.5起。

2007年,美国伊斯兰关系委员会收到大约1900起穆斯林虐待投诉,并指出反穆斯林的身体暴力增加了52倍。

自2015年以来,美国的反穆斯林行动愈演愈烈。2012—2018年,新美国网站收集到763起反穆斯林事件。

美式人权灯塔之下的阴影：
严重歧视穆斯林[*]

---

[*] 邓淑华，中国社会科学院欧洲研究所副研究员。本文原发于《光明日报》2021年7月20日。

美国自诩为"人权灯塔",经常打着"保护人权"的旗帜对其他国家指手画脚、肆意打压,但在灯塔阴影之下,真相却是美国对穆斯林的严重歧视和残酷迫害。可以说,自身劣迹斑斑的"人权灯塔",光环已经越发黯淡,美国不仅无意亦无力解决本国的严重穆斯林歧视问题,更以人权为名,行干涉主义之实,在国外蓄意挑起矛盾、散播仇恨,毫无底线地干涉他国内政,置穆斯林群体安危于不顾。美国在国内外歧视、迫害穆斯林的种种行径,暴露了美式人权的虚情假意。

一 深入骨髓的种族主义

"9·11"事件已经过去近20年,美国穆斯林仍然遭受着污名化、边缘化的对待,承受着恐惧、威胁和令人难以接受的监控。美国针对穆斯林的仇恨犯罪居高不下。在2018年美国中期选举中,反穆斯林言论大幅上升，政客的推波助澜，让针对穆斯林的阴谋论日益进入政治主流。美国伊斯兰关系委员会2018年发布的报告也显示，2016年以来，美国反穆斯林团体的数量激增2倍。BBC的克莱尔·博尔德森关注到美国年轻穆斯林面临的压力，以及为阻止他们与主流疏远而正在采取的措施，拍摄了纪录片《美国和穆斯林》，讲述了美国穆斯林边缘性的生存状况。

同时，影视文化作品中对穆斯林完全基于种族主义的负面描述，助长了对穆斯林个人和社区的歧视、敌视和暴力。安纳伯格包容倡议组织开展的一项题为《失踪与诽谤》的报告发现，2017—2019年英国、美国和澳大利亚发行的票房最高影片中，穆斯林多为局外人，或是杀手、侵略者等负面形象。只有不到10%的影片中穆斯林担任正面角色。首位获得奥斯卡最佳男主角提名的穆斯林、英国演员兼说唱歌手里兹·艾哈迈德为回应此报告，发起设立了一项基金，帮助打击电影中对穆斯林的"有毒刻画"。

二　法律手段极端打压

作为世界上唯一颁布过禁穆令的国家，尽管美国努力营造着种族多样、包容开放的国际形象，然而骨子里仍然是根深蒂固的白人优先。在参选之时就不断发表歧视攻击穆斯林言论的特朗普，上任之后越发变本加厉。2017年9月25日，特朗普政府颁布了第3个版本的入境禁令，对来自伊朗、也门、利比亚、索马里、叙利亚和乍得等伊斯兰国家的公民实施入境限制，并禁止所有朝鲜公民以及委内瑞拉的政府代表入境。华盛顿政府认为这些国家不符合美国对签证申请人安全检查和信息共享的要求。面对美国国内外宗教团体与人道组织的群情激愤和抗议浪潮，2018年6月26日，美国联邦最高法院以5∶4的微小差距，投票通过支持特朗普的行政命令。这一突破了政治正确界限的总统行政令能够冒天下之大不韪而出台，本身就说明了很多问题。支持这一行政命令的保守派大法官认为，国会赋予了总统确保边境安全的职责，总统对于谁可以进入美国拥有广泛自由裁量权。尽管特朗普个人过去多次针对穆斯林对美国构成威胁发表煽动性言论，也不因此减损其职能。德国媒体刊发《反穆斯林种族主义现已成为美国法律》一文认为，美国最高法院使特朗普穆斯林禁令"合法化"的裁决，是在美国历史上首次将仇视伊斯兰教制度化和合法化，而这已经违反了美国宪法关于为所有人提供平等保护和公平审判权的规定。

三　霸权行径迫害海外穆斯林

对待海外穆斯林，美国也屡屡采用双重标准，以人权之名谋一己私利。虽然口口声声说自己关心穆斯林的福祉，但自21世纪初以来，美国打着"反恐"的幌子，在阿富汗、叙利亚、伊拉克发动战争，大规模屠杀造成了数以千万计的穆斯林无辜平民伤亡。新冠疫情期间，美国持续制裁伊朗等国，加剧当地民生困境，导致经济萧条、民众苦不堪言。

面对巴以冲突，美国更是不止一次对抗所有成员国的共识单独投票支持以色列。面对以色列对巴勒斯坦人不成比例的残忍杀戮，美国却站在了人类良知、道义的对立面。2021年5月16日，美国第三次阻止联合国安理会通过呼吁巴以停火止暴和保护平民的联合声明，并同意向以出售价值7.35亿美元的精准制导导弹。正如中国外交部发言人所说，"尽管美国声称其关心穆斯林人权，但其并不关心巴勒斯坦人民的苦难"。拉大旗，作虎皮，人权只是美国隐藏肮脏目标的政治武器，以便在虚伪面具下继续实行违背国际公理与道义良知的种族主义恶行。

歧视穆斯林是美国社会的一大顽疾*

---

* 周琪,中国社会科学院美国研究所研究员、中国人民大学全球治理与发展研究院院长;张旭东,同济大学全球治理与发展研究院研究员。本文原发于《光明日报》2021年7月18日。

美国历来以"自由民主的世界灯塔"和"捍卫人权的全球卫士"自居,却长期忽视本国国内穆斯林受到歧视和不公平待遇的现实,无视穆斯林群体寻求改善经济机遇和实现宗教信仰自由的呼声,进入21世纪以来更是不时发作"伊斯兰恐惧症"。民主与共和两党还将穆斯林当作捞取政治选票的工具。作为美国穆斯林群体的代表性人物,拳王阿里曾说过:"实现梦想最好的方法是醒过来。"

一 穆斯林始终难逃"不受信任的外来人"境地

据美国学者考证,穆斯林最初来到北美大陆是在14世纪早期。在美国建国前的北美殖民地时期,从非洲被贩卖至北美的奴隶中10%—15%为穆斯林。按照美国国父们的设计,普通民众享有宗教信仰自由,甚至参与撰写《独立宣言》、曾担任美国第三任总统的托马斯·杰斐逊本人就拥有一本《古兰经》。

然而，背井离乡的非洲穆斯林奴隶很难保持自己的原有信仰，多数人不得不最终改信基督教，而少数人为继续信仰伊斯兰教、穿着传统服装或保留本来的姓名，只能秘密进行活动，否则就会面临受歧视和迫害的命运。总体上，20世纪之前的美国穆斯林移民主要来自非洲和中东地区，他们大多放弃了自己原有的宗教信仰，其后代也不再自我认定为穆斯林。这些移民希望改善生活际遇，但大多只能忍受在炎热、艰苦的工作环境中从事其他族裔不愿从事的工作。

20世纪初期，穆斯林移民开始在美国各地建立起一些地方性的公民团体，非洲裔美国人信奉伊斯兰教的人数显著增加，他们组织的教会影响力逐渐扩大。然而，1924年美国国会通过的《民族原籍法》对其他国家的穆斯林向美国移民施加了严格的限制。20世纪60年代，穆斯林移民与信奉基督教的马丁·路德·金博士共同为争取民权而抗争，而且美国的穆斯林在第二次世界大战、越南战争等战争中作出的贡献，使其更强烈地要求在美国社会中获得平等对待。

随着1965年《移民和国籍法》的制定，又有超过110万新穆斯林移民在20世纪末之前来到美国。这些移民中有很大一部分是学者、医生和工程师，具备专业技能，他们的到来逐步提高了穆斯林在美国社会中地位。然而，这一时期的地缘政治因素，尤其是美国与中东地区国家的关系，仍显著影响了美国社会对穆斯林的态度。1967年的中东"六日战争"、70年代的石油危机、伊朗伊斯兰革命及德黑兰人质事件，不断掀起美国国内对穆斯林的负面情绪，媒体连篇累牍的报道更加剧了其他族裔针对穆斯林的仇恨和暴力行为。总之，美国国内的穆斯林始终受到其他族裔的怀疑，被视为"不受信任的外来人"。

二 "9·11"使美国的"伊斯兰恐惧症"根深蒂固

2001年的"9·11"事件对美国的穆斯林群体而言是一个分水岭，美国国内掀起一场关于穆斯林的大辩论：美国籍的穆斯林究竟是否应当被视为平等公民。虽然美国国内的穆斯林领袖做出了许多积极举动，包括立即谴责恐怖袭击事件、在伊斯兰宗教场所悬挂国旗、向非穆斯林开放清真寺，以争取改变美国民众对伊斯兰教的看法，但绝大多数美国人逐渐对穆斯林感到恐惧、不信任，甚至产生深深的仇恨心理。根据美国联邦调查局的报告，2001年美国国内针对穆斯林的仇恨犯罪激增了1600%。

值得一提的是，随着阿富汗战争和伊拉克战争的爆发，很多美国人对伊斯兰教和中东地区有了更大的兴趣，但在有关新闻报道和出版物层出不穷的同时，所谓"伊斯兰恐惧症产业"也在美国逐渐兴起。很多反伊斯兰的人利用出版书籍、撰写博客、担任访谈嘉宾的机会，发表了大量偏激的言论，甚至是虚假信息，将穆斯林普遍描绘成阴险、鼓吹暴力、反美国的形象，并且执迷于穆斯林阴谋论。

据美国民调机构皮尤中心2014年进行的一次调查，约62%的美国人并不认识任何穆斯林，但他们主要受媒体和所谓国际问题专家的影响，倾向于从最坏的可能性出发来看待穆斯林。另据一家名为"社会政策与理解研究所"的美国民间机构的调查，2016—2017年，美国穆斯林对国家的满意度下降了22个百分点，2017—2018年，这一指标进一步下滑至只有27%。另外，44%的受访者称其在机场受到歧视，33%的受访者称在申请工作时受到歧视，31%的受访者称在与执法部门的互动中受到歧视。可见，对穆斯林片面、扭曲、狭隘的看法深植于美国社会，直至今日依然明显影响着美国民众对穆斯林的态度。

与此同时，美国联邦政府和军方也公开表现出对穆斯林的极度不信任。据英国《卫报》报道，包括美国特种部队司令部、海关和边境管理局、特勤局等在内的军方和联邦政府机构，曾向"Muslim Pro"等手机应用企业购买包含全世界范围内穆斯林所在地理位置信息的数据，这严重侵犯了穆斯林的个人隐私权，因为根据2018年美国最高联邦法院的一项裁决，执法部门除非有搜查令，否则不可无故获取公民手机中的位置定位等信息。

三 穆斯林沦为美国两党党争的政治工具

由于美国政府部门不允许根据宗教信仰进行人口统计，目前美国穆斯林的确切人口数据无从得知。但据皮尤中心近十年的多次调查，2007年美国约有235万穆斯林人口，其中150万人为成年人。随后的10年间，该群体以每年约10万人的速度递增，至2017年约有345万人，其中215万人为成年人。尽管基数较小，但美国穆斯林的人口增长率较高。据估计，到2040年，穆斯林有望取代犹太教徒成为美国第二大宗教群体；到2050年，美国穆斯林人口可能达到810万。

由于这样的变化趋势，美国民主与共和两党都把穆斯林群体当作政治斗争的工具。根据皮尤中心的调查，经过对各种人群的交叉分析，共和党基督教福音派中受教育程度不高者，对穆斯林最为反感。在2016年的美国总统选举中，特朗普就热衷于炒作所谓的"穆斯林问题"，大肆宣扬"伊斯兰恐惧症"，甚至扬言要建立一个数据库或观察名单来跟踪美国的穆斯林，并且在一次辩论中称"伊斯兰教憎恨我们"。特朗普上任伊始，就于2017年1月27日签署了所谓的"穆斯林禁令"，这一行政令在美国国内和国际上引发一系列强烈反应和抗议行动。

对民主党而言，规模日渐庞大的穆斯林群体是其要争取的重要选票来源。引人注目的是，近年来有多位民主党籍穆斯林当选为美国国会议员。2006年，来自明尼苏达州的民主党人凯斯·埃里森成为美国国会历史上首位穆斯林议员，其使用托马斯·杰斐逊珍藏的《古兰经》宣誓的一幕在美国社会引起了广泛关注。目前，在美国国会众议院中，共有3位民主党籍的穆斯林议员，其中两位为女性。

然而，虽然穆斯林已开始在美国政坛建立起影响力，但其仍然遭到各种怀疑和歧视。来自印第安纳州、同样作为穆斯林当选为国会众议员的卡森就遭到其他议员的公开质疑甚至挑衅，被要求通过公开谴责伊斯兰教教法来证明其对美国的忠诚。

有位对美国社会反穆斯林情绪研究长达 20 年的学者总结道,所谓"伊斯兰恐惧症"会在选举期间在共和党人中达到顶峰,而民主党人往往会在美国对外发动针对伊斯兰国家的战争前夕助长这种恐惧。

深陷结构性歧视困境的
美国穆斯林群体*

---

* 王聪悦,中国社会科学院美国研究所副研究员。本文原发于《光明日报》2021 年 7 月 21 日。

作为东西方文化截然对立的缩影,美国对伊斯兰文明的反感乃至排斥可谓由来已久。生活在美国境内的穆斯林群体一直人口数量不多、政治参与度较低,在来源国、教派乃至社会阶层、地位方面分化程度很高,因此长期处于社会"边缘"。"9·11"事件的爆发,堪称美国穆斯林命运的重大转折。自此,该群体被部分美国政客、媒体和大众舆论不加区别地定性为"一个国家的仇人",并将之与"国家安全"和"本土恐怖主义"等议题进行高度关联,也因而成为国内仇恨犯罪、歧视和排挤的主要对象之一。随着"伊斯兰国"在全球制造恐怖袭击事端,异化穆斯林的趋势在美国潜滋暗长,再加上特朗普总统任内颁布带有鲜明歧视色彩的"禁穆令"使美国成为世界上唯一针对穆斯林群体颁布旅行禁令的国家,而特朗普本人也多次在公开场合发表反穆斯林不当言论,这不仅导致美国穆斯林倍感孤立,也使极右翼组织和反穆斯林仇恨团体伺机造势,加剧了美国社会的族群矛盾与认同危机。

拜登上台后致力于从移民政策、难民政策、公共部门人事安排等方面释放有利于穆斯林的积极信号，但在新冠疫情引发的公共卫生危机乃至社会危机尚未缓解的大背景下，作为栖居美国多年的宗教少数派和一个半数以上均为移民的多族裔群体，近年来美国穆斯林的生活处境堪忧。据统计，2007年美国约有穆斯林235万人，2017年该数字升至345万人，占美国总人口比重为1.1%，预计到2040年，穆斯林将取代犹太教徒成为美国境内仅次于基督教的第二大信教群体。而根据社会政策和理解研究所（ISPU）2018年的调查，美国穆斯林家庭收入超过10万美元的占18%，全美一般家庭收入该比例为31%。与此同时，33%的穆斯林家庭挣扎在贫困线边缘，该值远高于全美一般水平（24%），黑人穆斯林、非公民穆斯林在其中占比较高。鉴于贫困与新冠疫情的社区确诊率和死亡率之间关系非常密切，加之在疫情中首当其冲的黑人占美国穆斯林人口的28%，此次危机对穆斯林社区的冲击不言而喻。更糟糕的是由于对该群体长期忽视，疫情以来仅迪尔伯恩、南加州和纽约市公布了穆斯林群体的少量社区健康数据，美国阿拉伯反歧视委员会全国主席萨默·哈拉夫据此指出，"我们无法像其他社区那样申请到充分的资金和帮扶，因为就连穆斯林社区的基本情况数据目前都还不被官方全面掌握"。

除生活水平和健康水平持续处于低位外，美国穆斯林还深受潜藏于社会肌理的结构性"伊斯兰恐惧症"所扰。之所以被冠以"结构性"，是因为对美国穆斯林群体的偏见全面内嵌至国家治理体系的各个层级：一方面，折射在警察、媒体代表和法律体系的日常运作中；另一方面，则通过反穆斯林仇恨团体、反穆斯林集会、有组织的反对清真寺建设或扩建、破坏公物和反对穆斯林难民重新安置等社区活动直观体现出来。具体而言，美国穆斯林目前遭遇的结构性歧视可解构为四个层次：

第一，立法与司法不公制造释法、执法灰色地带。虽然宗教自由被明确载入宪法第一修正案，以确保政府在各教派之间维持中立和充分保障公民的信仰自由，但除了前文提到的特朗普颁布的13769号行政令（禁穆令）外，包括《爱国者法案》《防止暴力极端主义行动计划》等均为国家授意防范穆斯林群体的典型立法，它们的合法性基础即将穆斯林视为"危险的他者"故而理应被监视，甚至行动受限。研究表明，反伊斯兰教法和其他针对穆斯林的立法往往与移民法改革或选民身份证法等事项相互嵌套，进而制造隐形偏见并迎合对特定群体的社会恐惧心理。事实上，立法导向直接影响司法公正以及人们对司法公正的认知。故而来自警察系统的种族定性与司法歧视对穆斯林群体而言尤为突出。一则警方有意对毫无犯罪嫌疑或指控的穆斯林群体格外关注,甚至进行监视、钓鱼执法、秘密执法。二则根据社会政策和理解研究所(ISPU)的另一项社会调查,同等罪行下,穆斯林犯罪者被起诉和面临更为严厉的法律制裁的概率高达83%,而非穆斯林此项比例仅为17%,且前者监禁时长平均为后者的3倍以上。特别是当某案件被认为与恐怖主义有关时,对犯罪者可以选择性地增加刑期,该情况发生在穆斯林群体中的概率约为58%,相较之下非穆斯林群体仅为25%。

第二,媒体偏见加剧美国穆斯林群体的边缘化和疏离感。美国主流媒体鲜明的反穆斯林倾向甚至可追溯至"9·11"事件之前,对穆斯林的高度污名化使之成为被媒体话语刻画的最为负面的少数群体之一。一项对《纽约时报》及《华盛顿邮报》的话语分析显示,如果暴力事件犯罪者为穆斯林则获得媒体曝光的可能性比非穆斯林犯罪多770%,篇幅长度也是后者的2倍有余。而在刻意突出穆斯林身份特征的详细报道中,刻板印象比比皆是,如频繁使用"暴力、愤怒、疯狂、不文明、非理性、危险"等带有强烈负面导向的词汇,并不同程度夹杂着"伊斯兰教是暴力宗教""穆斯林意图破坏美国民主和西方文明"等论调。媒体在渲染"伊斯兰恐惧症"过程中发挥着"偏离放大螺旋"效应，在刺激了对穆斯林群体不甚了解的美国公众越来越多的怀疑、不安和焦虑情绪的同时也加剧了穆斯林对美利坚认同的疏远情绪，削弱了他们对政府的信任度。

第三，社会舆论环境包容度下降，极端组织趁势而起。美国的穆斯林持续受到公众厌恶和公然歧视。《美国穆斯林调查报告2020》数据显示，即便他们对国家感到满意的人数比例（37%）比一般公众（27%）或无宗教信仰者（16%）更高，且他们当中高达85%的人表达了强烈的美国身份认同，但2020年仍有60%的美国穆斯林表示经历过宗教歧视，51%的人称遭遇过宗教霸凌，这一数字高于其他任何宗教团体的上报情况。求职过程中，33%的穆斯林受到歧视，只有5%的犹太人和8%的普通民众有此番经历。而在同执法部门互动、接受医疗保健服务或在公共场所活动时，穆斯林受歧视的比率亦远高于犹太人和普通民众。根据美国联邦调查局2019年的仇恨犯罪统计，穆斯林是宗教仇恨事件的第二大目标，反穆斯林仇恨团体通过线下宣传集会以及脸书、推特等大型社交媒体平台活跃度很高。南方贫困法律中心统计，2020年美国境内有大大小小近40个反穆斯林仇恨团体，特朗普连任失败后，原本寄希望于他的全美最大反穆斯林仇恨组织"为美国行动"开始调整活动策略，寻求与州和地方两级民选官员建立更密切的关系。他们一改往日的"散兵游勇"模式，致力于推动美国的"伊斯兰恐惧症"向"产业化"方向发展，"产业链"由理查德·梅隆·斯凯夫基金会、贝克尔基金会、捐赠者资产基金会等"金主"注资，10年间这项投资高达4260万美元，而包括网络博主、学者、宗教领袖、草根团体和政客极力向美国民众灌输"穆斯林是国家敌人"的理念和认知，最终诱导公众加深对穆斯林的仇恨与偏见。

第四，穆斯林难民安置受阻，凸显美式人权双重标准。虽然美国一直以来自我标榜为"人权灯塔"，宣称给予各族裔、人种、教派、边缘群体平等的包容和保护，但特朗普政府奉行"美国优先"并将仇视和打击矛头直指穆斯林群体，一方面多次发表贬低伊斯兰教的言论，将伊斯兰教比作"世界上最极端的宗教""恶性肿瘤"，称伊斯兰主义是一种"隐藏在宗教外表背后的政治理念"，对穆斯林的恐惧是"合理的"。另一方面，完全不顾国际人权承诺，大幅减少通过重新安置计划接纳的难民人数。数据显示，2016年，美国帮助12600名叙利亚难民进入美国，2018年这一数字仅为62人。2016—2019年难民安置到美国的总数下降82%。来自宗教受害最严重国家的穆斯林人数下降了90.6%。伊朗、伊拉克和叙利亚的难民人数分别下降了96%、95%和85%。上述言行不仅导致美国穆斯林在个人身份认同、族群身份认同和国家公民身份认同方面陷入高度紧张和冲突，同时也使得反美主义情绪在伊斯兰世界格外高涨，无疑削弱了穆斯林对美国民众的"同理心"，助长了极端趋势，某种程度上给美国民众的基本人身安全埋下了巨大隐患。

2016年以来，美国穆斯林不断受到新纳粹、3K党等的言语污蔑甚至暴力攻击。调查显示，三十岁以下的年轻穆斯林中超过20%的人打算在必要时离开美国，毕竟这样的生存处境似乎比"9·11"事件之后的几年还要岌岌可危。就算拜登采取种种缓和与穆斯林关系的政策措施，但更复杂的情况在于，一则美国系"伊斯兰恐惧症"的潜在受益者，如果没有这样看似格格不入的"他者"或"外敌"，角力中的两党既缺少了一个国内问题的"替罪羊"和压制对方的取胜策略，也无法向公众掩盖美国本土遭遇恐怖袭击的真相：正是以美国为首的西方国家在中东地区进行政治干预和军事入侵才导致多个伊斯兰国家内部矛盾激化、恐怖主义横行；二则仇视穆斯林的本质即在美国法律、政治对话和公民生活中根深蒂固的种族主义。受到经济衰退、再分配机制失能、新冠疫情等情况的冲击，无论是因"弗洛伊德之死"而震动全美的"黑人的命也是命"运动，还是近来愈演愈烈的排亚风潮，都指向一个事实：包括仇视穆斯林在内的种族主义具有系统性、持续性和破坏性，美国若无意从根源上反思、缓解，那么不仅没有少数族裔能够幸免，也会对处于主体地位的白人造成严重反噬。

种族主义是美国国家建构的原罪

---

* 许建英,中国社会科学院中国边疆研究所研究员;恽文捷,深圳大学中国经济特区研究中心副教授。本文原发于《光明日报》2021年7月10日。

2020 年，新冠疫情和乔治·弗洛伊德事件进一步撕毁了后冷战时代美国精心编织的所谓平等、自由和"民族大熔炉"的伪装。根据美国疾控中心和美媒的统计数据，美国黑人和拉丁裔在新冠疫情之中的病亡率是白人的 3 倍，疫苗接种率一度只有白人的一半。在 20 世纪 60 年代美国民权运动爆发半个多世纪后，"黑命贵"运动再度控诉美国对黑人和其他有色人种与少数民族的系统性种族压迫。虽然美国政客为稳定局势对抗议者采取了安抚措施，但是种族歧视作为美国根深蒂固的结构性问题，并没有得到有效遏制。

美国种族歧视的原因根植于美国制度本身。美国作为近代世界后起的殖民政治强权，其"国家"建构的基本框架与全球化时代各民族的发展与文化多样性需求正在发生激烈冲突。曾提出"文明冲突论"的美国学者亨廷顿在其著作《我们是谁？美国国家特性面临的挑战》一书中说，在西方殖民高峰时代建立的美国实质上是以

"盎格鲁新教文化"作为"国家身份认同"的特性与核心。因此，尽管美国宪法标榜"自由和平等"，但是这些价值必须建筑在以上述种族和宗教为主体的社会形态即所谓"主流社会"基础之上，任何相异者都会被美国社会的精英们视为"非我族类，其心必异"。

因此，尽管少数族裔个体可以进入美国上层社会，但是那必须是以对"盎格鲁新教文化"的全盘认同为前提。民权运动家马丁·路德·金曾尝试用美国黑人可以接受"盎格鲁新教文化"来说服垄断政治权力的白人社会接纳黑人。不过，他没有看到，接纳黑人个体容易，而让美国白人社会与黑人社会融合是"不可能完成的任务"。亨廷顿对此进行了申论："作为人种多元、缺乏统合民族属性的国家，美国只能通过文化和意识形态一致性来保持国家凝聚力。然而，苏联经验说明，缺乏人种、民族和文化共性的意识形态的黏合力有限。"美国要生存就必须保持其基本"文化特性"。以黑人社会为代表的少数族裔和外来移民因其文化与"盎格鲁新教"白人社会存在诸多差异，造成了美国"身份危机"。

于是，对很多美国白人精英而言，美国国家欲得以维持，美国的文化特性就必须以"盎格鲁新教"为主导。这只能通过将种族和文化歧视政策巧妙地融入美国内政和外交以构建族群与文明的等级秩序来实现。在美国国内，这种族群与文明的等级秩序体现在对黑人和其他少数族群的政治、经济和文化教育等方面的制度性和文化性歧视政策，以及与之配套的社会舆论和氛围的营造上，意在通过刻意的"野蛮""懦弱""自私"等族群形象塑造和宣传来使其他族群保持蒙昧、柔顺或边缘化。特朗普及其诸多白人至上主义拥趸们在美国社会文化日益多元的今天所拼命争取的，正是通过掌握和保有政治权力来推行能够加强美国社会"白人主导"的价值观、制度和政策。

同样，种族主义和文明优越论也是影响美国制定对外政策的重要理论。在社会达尔文主义和殖民主义仍然左右着美国处理与其他国家和民族关系的今天，为了维护美国在分配和使用地球有限资源方面的垄断地位，部分美国政客一直以种族、宗教、文化和文明差异在全球划分亲疏，拉帮结派，制定结盟或者对抗的外交政策，企图使美国永居于其构想的国家和文明金字塔形秩序的顶端。当前，美国国会和政府中不少人士更将中美关系阐释为西方文明与中华文明的"竞争"和"冲突"，并以此来策动美国国内和国际上的种族主义者与反华力量，尝试构建遏制中国发展的大联盟。这不仅持续阻碍国际秩序向好发展，更使殖民主义和霸权主义得以长期在世界上横行。

然而，从历史经验看，美国国家建构里的"盎格鲁新教文化"及其带来的"美国例外"和"山巅之城"等"迷思"，不仅在现实中阻碍了美国社会走向平等和团结，更成为亨廷顿所欲强化的"美国身份认同"的颠覆者。

作为以工商和金融立国的新大陆移民国家，长期以来美国以充裕的物质条件和稳定的国内环境吸引全球移民，不同种族、语言和文化的社群分隔共存，这是美国繁荣的基础。随着外来移民和美国少数族裔人口的增长，美国社会的种族比例持续发生变化。拥有投票权的少数族裔人数上升使其在美式民主制度中的发言权越来越大。这给美国带来两难：一方面，如果美国白人至上主义者仍然执着于用"盎格鲁新教文化"来合理化美国的种族主义，势必使美国国内族群冲突愈演愈烈，也将使美国背离全球发展大势；另一方面，如果美国政府和白人社会允许被很多人视为"国家特征"的"盎格鲁新教文化"自然弱化，美国的"主流社会"及其价值观将失去核心地位和领导力量。美国作为移民国家松散乃至分裂的趋势将进一步加速。这是很多美国人不能容忍的。他们相信：唯有用"实质上的"种族主义维持白人与少数族裔的等级秩序，才能使美国保持秩序与稳定。

因此，这一美国国家构建中的种族主义悖论难以解决。可以预见，种族主义在美国政治中将长期存在并颇具影响力。尽管美国的"政治正确"者们会用各种华丽的辞藻粉饰太平，但作为原罪的"种族主义"是美利坚合众国得以维系的基础。除非美国国家形态及其体系发生革命性变化，美国在国内和国际政治运作中的种族主义作风将很难被根除，这就需要美国和国际社会的有识之士保持清醒，采取针锋相对的斗争，坚决回击美国政治的种族主义。

种族主义正在扼住"美国式民主"的喉咙[*]

---

[*] 王昱廷,中国历史研究院调研督查处处长、副研究员。本文原发于《光明日报》2021年7月19日。

美国的人权纪录依旧劣迹斑斑，但却厚颜无耻地在全世界扮演"人权卫士"，以"道德裁判官"自居，对他国国内事务和人权状况横加指责。美政府善于玩弄"双重标准"，对美国国内的种族主义视而不见，但美国国内有识之士对此洞若观火，仗义执言，指出了美政府和"美国式民主"的虚伪。

一　种族主义成为美国的政治工具

2017年1月27日，美国政府发布一项行政命令，禁止伊朗、伊拉克、利比亚、索马里、苏丹、叙利亚和也门等7个国家的公民进入美国。由于禁令所涉国家均以穆斯林人口为主，因此该行政令也被普遍解读为"穆斯林禁令"。这一禁令在美国国内和世界各地都引发了广泛抗议。美国外交政策聚焦研究计划网站负责人约翰·费弗认为，时任美总统特朗普正在把种族主义当作工具，以摧毁美国对自由国际主义的任何持久承诺。美政府的对外政策始终存在种族主义成分。例如，从特朗普上任第一天起，其移民政策就偏向人口以白人为主的国家，在"我们应该接纳更多像挪威这种地方的人们"的同时，对穆斯林实施旅行禁令，并诋毁其为"粪坑国家"。特朗普并不是突然把种族主义引入美国对外政策的，他只不过是在把美国对外政策中的一项不成文原则诉诸文字。当前，美政府喋喋不休地把新冠疫情归咎于中国，完全知道自己的阴谋论将助长反亚裔情绪。

国际危机研究组织认为，包括特朗普在内的一些美国政治领袖似乎一心要利用种族分歧，而不是促进团结。一些国际组织也对特朗普政府取消大部分美国难民安置计划、不愿接受寻求庇护者、对几个人口以穆斯林为主的国家实行旅行禁令，以及对移民的总体态度提出强烈批评。

《华盛顿邮报》记者伊尚·塔鲁尔认为，美总统的蛊惑人心之举给美国社会留下了深刻印记。通过对2.8万起美国校园霸凌事件的调查发现，特朗普鼓动的言论被用来骚扰儿童，尤其是拉美裔、非洲裔或具有穆斯林背景的学生。塔鲁尔写道："自从特朗普成为美国的最高领导人，他的煽动性言论——常常被谴责为种族主义和仇外言论——已经渗透到美国各地的学校……年仅6

岁的孩子会模仿这位总统的辱骂和他教给他们的残酷做法。"

事实上，白人极端主义在美国已经成为族群冲突事件的导火索。美联邦调查局在一份声明中说，枪击案等大多数此类暴力活动的动机是某种形式的白人至上主义意识形态。来自达特茅斯学院、曾在2009年至2012年担任美国国务院反恐协调员的丹尼尔·本杰明表示白人至上主义恐怖活动没有像其他恐怖活动那样受到关注。

联邦调查局前特工、现供职于纽约大学布伦南司法研究中心的迈克·杰曼说，联邦调查局并未"对所有恐怖分子一视同仁"。他解释说，特工们"把重点放在穆斯林和美国的穆斯林身上，但与此同时，白人至上主义者构成的致命威胁却被忽视了"。他说："毫无疑问，白人至上主义者和极右翼组织杀死的人比其他组织更多。但我们对极右翼和种族主义暴力活动存在巨大的盲点。"

二 日益弥散的"分裂政治"

特朗普多次发表贬低伊斯兰教的言论，其执政团队也不乏对伊斯兰教持否定态度的人。特朗普的首位总统国家安全事务助理弗林将伊斯兰教比作"恶性肿瘤"，称伊斯兰主义为一种"隐藏在宗教外表背后"的"政治理念",对穆斯林的恐惧是"合理的"。曾担任特朗普首席战略师的班农则将伊斯兰教称作"世界上最极端的宗教",宣称信奉伊斯兰教的人群正在美国建立"第五纵队"。

美国民主党众议员伊尔汉·奥马尔说:"这位总统明确表达的观点是,某些穆斯林占多数的国家的人不应该进入我们的国家,这不仅是糟糕的政策,也是对自由民主的直接威胁。'在我们的历史中,种族主义语言一再被用来煽动美国人反对美国人,而富裕的精英们却从中受益。'"

伊尚·塔鲁尔认为,在特朗普担任总统期间,人们对他的独裁倾向发出了无数警告。他打破了美利坚合众国本已摇摇欲坠的制衡制度,这引发了批评者的担忧。美国所谓的"民主"充满了虚伪性。

2019年,特朗普在批评自由派民主党人时公然加入了种族因素,说四名有色人种女议员应该回到她们所来自的"破败不堪和犯罪猖獗"的国家。他的话罔顾了一个事实,即这四名女性全都是美国公民,而且其中三人出生在美国。特朗普的攻击言论遭到民主党人的强烈谴责,称他的话带有种族主义色彩且会制造严重分裂。奥马尔则在社交媒体上直接对特朗普喊话:"你在煽动白人民族主义,(因为)你对像我们这样的人在国会任职并反对你充满仇恨的议程感到愤怒。"

美国纽约市立大学布鲁克林学院英语教授穆斯塔法·巴尤米认为,特朗普政府公然奉行"分裂政治",但是"特朗普却屡次毫无道理地把造成美国这一现状的责任推给除他以外的任何人。我们再次目睹了这一策略"。

三 人权状况堪忧 "双重标准"令人唾弃

时任美国国务院高级官员的布赖恩·胡克曾给国务卿蒂勒森写过一份备忘录,主张美国应该将人权作为武器来对付其对手,如伊朗和中国。但他提出,应该对埃及和沙特等"压迫人民"的盟友网开一面。事后来看,这份备忘录似乎阐明了特朗普政府在人权问题上的政策方针,时任美国国务卿的蓬佩奥经常在人权问题上对他国施压,但他抨击的几乎全是敌视美国的政府,有时还有对美国来说战略利益有限的政府。

在美利坚大学任教的人权史学家萨拉·斯奈德说:"现政府(特朗普政府)认为,其大多数支持者都不关心国际上的侵犯人权问题。它也不接受美国需要在人权问题上做个好公民的观点。对于美国应该受国际协议约束的观点,更是断然拒绝。"

国际危机研究组织总裁兼首席执行官罗布·马利强调说："往届的美国政府，无论是共和党政府，还是民主党政府，在促进人权和保护美国利益方面，都言行不一。在特朗普治下，言行之间的差距变成了'峡谷'。"他说："我认为，本届政府（特朗普政府）与往届政府存在本质的不同，人权似乎纯粹被当作交易货币。"

从上述"美国反对美国"的言行可以看出，奉行种族主义特别是白人至上主义的美式虚伪民主已不得人心，其在国内歧视敌视穆斯林群体，在国外对叙利亚、伊拉克、阿富汗等伊斯兰国家制造的人道灾难也已路人皆知，势必破败。